D0773303

POWER
iol

Entrenamiento deportivo

Fútbol

Jack Otten

The Rosen Publishing Group's

Edito   etras™

Published in 2003 by The Rosen Publishing Group, Inc.
29 East 21st Street, New York, NY 10010

First Editior in Spanish 2003
First Editior in English 2002

Book Design: Laura Stein

Photo Credits: Cover, pp. 4, 6–21 by Richard Sheinwald;
p. 5 © AFP/Corbis

Thanks to Mike Goodrich, Margo Miller, and the Coral Springs Storm soccer team

Otten, Jack.
     Fútbol / por Jack Otten ; traducción al español: Spanish
Educational Publishing
     p. cm. — (Entrenamiento deportivo)
     Includes bibliographical references (p.) and index.
     ISBN 0-8239-6850-2 (lib. bdg.)
     1. Soccer—Training—Juvenile literature. [1. Soccer. 3. Spanish
Language Materials.]
     I. Title. II. Series: Otten, Jack. Sports training.

     GV943.9.T7O88 2001
     796.334'2—dc21
                                        2001001554

Manufactured in the United States of America

Contenido

Introducción

Mia Hamm es futbolista profesional.
Marca muchos goles.
Estas muchachas quieren ser
futbolistas profesionales.

Calentamiento

El equipo tiene práctica de fútbol.
Primero hacen calentamiento.

Las jugadoras estiran las piernas.
Estirarse relaja los músculos.

Después corren para calentarse.
Correr fortalece las piernas.
Necesitan tener las piernas fuertes
para correr rápido y patear duro.

Piernas fuertes

Esta jugadora busca el balón.
Buscar el balón sirve para
bloquear pases.

Bloquear un pase

Los jugadores de fútbol usan botas con tacos redondeados para voltear y parar rápido.

Aprender jugadas

La entrenadora enseña a pasar
el balón. Los jugadores del equipo
tienen que pasarse el balón.

La entrenadora pasa el balón
a una jugadora. Ella para el pase
con el pie. No toca el balón
con las manos.

La entrenadora hace un pase alto.
La jugadora bloquea el balón
con el cuerpo.

La jugadora mueve el balón cuando corre. Lo patea con el interior del pie.

La jugadora corre hacia el balón.
Le va a dar un puntapie fuerte.

La portera tapa la portería.
Se protege las manos con guantes.

Portería

Guantes

La portera estira los brazos.
Bloquea el balón y no entra
a la portería.

Bloqueo

Partido de práctica

El equipo juega un partido.
Hacen pases y patean el balón
como aprendieron.

La entrenadora les dice
que fue una práctica muy buena.

"¡Muy buena práctica!"

Glosario

calentamiento (el) ejercicios para calentar los músculos

cancha (la) campo para jugar al fútbol

gol (el) tanto que se marca al meter el balón en la portería

pase (el) envío del balón de un jugador a otro

portería (la) marco con una red al fondo por el que debe entrar la pelota para marcar un gol

portero (el) jugador que defiende la portería para que no entren goles

practicar hacer algo muchas veces para adquirir habilidad

profesional atleta que gana dinero por su deporte

Recursos

Libros

Soccer
Laurie Wark
Kids Can Press (1994)

Starting Soccer
Helen Edom
Usborne Publishing Ltd. (1999)

Sitios web

Debido a las constantes modificaciones en los sitios de Internet, PowerKids Press ha desarrollado una guía on-line de sitios relacionados al tema de este libro. Nuestro sitio web se actualiza constantemente. Por favor utiliza la siguiente dirección para consultar la lista:

http://www.buenasletraslinks.com/ed/futsp/

Índice

Número de palabras: 211

Nota para bibliotecarios, maestros y padres de familia

Si leer es un reto, ¡Reading Power en español es la solución! Reading Power es ideal para lectores hispanoparlantes que buscan un nivel de lectura accesible en su propio idioma. Ilustrados con fotografías, estos libros presentan la información de manera atractiva y utilizan un vocabulario sencillo que tiene en cuenta las diferencias lingüísticas entre los lectores hispanos. Relacionando claramente texto con imágenes, los libros de Reading Power dan al lector todo el control. Ahora los lectores cuentan con el poder para obtener la información y la experiencia que necesitan en un ameno formato completamente ¡en español!

Note to Librarians, Teachers, and Parents

If reading is a challenge, Reading Power is a solution! Reading Power is perfect for readers who want high-interest subject matter at an accessible reading level. These fact-filled, photo-illustrated books are designed for readers who want straightforward vocabulary, engaging topics, and a manageable reading experience. With clear picture/text correspondence, leveled Reading Power books put the reader in charge. Now readers have the power to get the information they want and the skills they need in a user-friendly format.

10/14 ⑥ 7/13
11/18 ⑧ 10/18